El tacto

CHRISTINA EARLEY
Traducción de Pablo de la Vega

Un libro de Las Raíces de Crabtree

CRABTREE
Publishing Company
www.crabtreebooks.com

T0019813

Apoyos de la escuela a los hogares para cuidadores y maestros

Este libro ayuda a los niños en su desarrollo al permitirles practicar la lectura. Abajo están algunas preguntas guía para ayudar al lector a fortalecer sus habilidades de comprensión. En rojo hay algunas opciones de respuesta.

Antes de leer:

- ¿De qué pienso que tratará este libro?
    - *Pienso que este libro es sobre el sentido del tacto.*
    - *Pienso que este libro es sobre las cosas que puedo tocar.*
- ¿Qué quiero aprender sobre este tema?
    - *Quiero aprender sobre la parte de mi cuerpo que uso para tocar.*
    - *Quiero aprender sobre las diferentes cosas que puedo tocar.*

Durante la lectura:

- Me pregunto por qué...
    - *Me pregunto por qué mi piel se siente fría cuando me meto a la piscina.*
    - *Me pregunto por qué mi piel se siente caliente cuando estoy bajo el Sol.*
- ¿Qué he aprendido hasta ahora?
    - *Aprendí que uso mi piel para tocar.*
    - *Aprendí que la corteza de los árboles es áspera.*

Después de leer:

- ¿Qué detalles aprendí de este tema?
    - *Aprendí que el tacto es uno de mis cinco sentidos.*
    - *Aprendí que no debo tocar cosas muy calientes.*
- Lee el libro una vez más y busca las palabras del vocabulario.
    - *Veo la palabra **áspera** en la página 7 y la palabra **lisa** en la página 8. Las demás palabras del vocabulario están en la página 14.*

El tacto es uno de
mis cinco **sentidos**.

Mi **piel** me dice cómo se sienten las cosas.

Este pollito
es **suave**.

Esta corteza
es **áspera**.

Esta piedra es **lisa**.

El Sol se siente
caliente en mi piel.

La piscina se siente
fría y húmeda.

Tengo **cuidado** con lo que toco.

Lista de palabras

Palabras de uso común

cómo	este	mis
con	la	que
en	lo	se
es	me	uno
esta	mi	y

Palabras para conocer

áspera

cuidado

lisa

piel

sentidos

suave

50 palabras

El tacto es uno de mis cinco **sentidos**.

Mi **piel** me dice cómo se sienten las cosas.

Este pollito es **suave**.

Esta corteza es **áspera**.

Esta piedra es **lisa**.

El Sol se siente caliente en mi piel.

La piscina se siente fría y húmeda.

Tengo **cuidado** con lo que toco.

CRABTREE Publishing Company

Written by: Christina Earley
Designed by: Rhea Wallace
Series Development: James Earley
Proofreader: Janine Deschenes
Educational Consultant:
Marie Lemke M.Ed.
Translation to Spanish:
Pablo de la Vega
Spanish-language layout and
proofread: Base Tres
Print and production coordinator:
Katherine Berti

LOS SENTIDOS

El tacto

Photographs:
Shutterstock: Eugene Kochera: cover; A3pfamily:
p. 3, 14; Ann in the U.K.: p. 4, 14; CHEN MIN CHUN:
p. 5, 14; lakshmiprasada S: p. 6, 14; Matveev
Aleksandr: p. 9, 14; vvvita: p. 10; ESB Professional:
p. 11; Lamyai: p. 13, 14; BlurryMe; p. 13(bottom)s

Library and Archives Canada Cataloguing in Publication

Title: El tacto / Christina Earley ; traducción de Pablo de la Vega.
Other titles: Touch. Spanish
Names: Earley, Christina, author. | Vega, Pablo de la, translator.
Description: Series statement: Los sentidos | Translation of: Touch. |
    "Un libro de las raíces de Crabtree". | Text in Spanish.
Identifiers: Canadiana (print) 20210252030 |
    Canadiana (ebook) 20210252049 |
    ISBN 9781039616011 (hardcover) |
    ISBN 9781039616066 (softcover) |
    ISBN 9781039616110 (HTML) |
    ISBN 9781039616165 (EPUB) |
    ISBN 9781039616219 (read-along ebook)
Subjects: LCSH: Touch—Juvenile literature.
Classification: LCC QP451 .E2718 2022 | DDC j612.8/8—dc23

Library of Congress Cataloging-in-Publication Data

Names: Earley, Christina, 1971- author. | de la Vega, Pablo, 1979- translator.
Title: El tacto / Christina Earley, Pablo de la Vega.
Description: New York : Crabtree Publishing, 2022. | Series: Los sentidos -
    un libro de las raíces de crabtree | Includes index.
Identifiers: LCCN 2021030272 (print) |
    LCCN 2021030273 (ebook) |
    ISBN 9781039616011 (hardcover) |
    ISBN 9781039616066 (paperback) |
    ISBN 9781039616110 (ebook) |
    ISBN 9781039616165 (epub) |
    ISBN 9781039616219
Subjects: LCSH: Touch--Juvenile literature. | Senses and sensation--
    Juvenile literature.
Classification: LCC QP451 .E26 2022 (print) | LCC QP451 (ebook) |
    DDC 612.8/8--dc23
LC record available at https://lccn.loc.gov/2021030272
LC ebook record available at https://lccn.loc.gov/2021030273

Crabtree Publishing Company

www.crabtreebooks.com   1-800-387-7650

Printed in the U.S.A./092021/CG20210616

Published in the United States
Crabtree Publishing
347 Fifth Avenue, Suite 1402-145
New York, NY, 10016

Published in Canada
Crabtree Publishing
616 Welland Ave.
St. Catharines, Ontario L2M 5V6